Vocabulaire de l'explication de textes

Cornelsen

Diethard Lübke

Vocabulaire de l'explication de textes

Lernwörterbuch für die Textarbeit

Neubearbeitung

1995

Cornelsen

Sprachliche Durchsicht: André Collin und Alain Goulet

5., neubearbeitete Auflage 1995

Druck 7 6 5 4 Jahr 02 01 2000 99

Alle Drucke dieser Auflage können im Unterricht nebeneinander verwendet werden.

Druck: Druck-Centrum Fürst, Berlin

ISBN 3-559-33195-1

Bestellnummer 331951

gedruckt auf säurefreiem Papier, umweltschonend
hergestellt aus chlorfrei gebleichten Faserstoffen

Vorwort

Das *Vocabulaire de l'explication de textes* ist in der 1. Auflage 1966 erschienen und seitdem in über 150000 Exemplaren verkauft worden; es hat viele Schüler und Schülerinnen zum Abitur und viele Studenten zum Staatsexamen begleitet.

Das *Vocabulaire* ist ein echtes Lernwörterbuch:[1]

- Das Fachvokabular zur Textarbeit ist in übersichtliche Sachgebiete eingeteilt. Dadurch wird das Lernen der Wörter wesentlich erleichtert.
- Das Vokabular ist dreispaltig angeordnet: Vokabel / deutsche Bedeutung / Anwendungsbeispiele. Das ermöglicht dem Benutzer, die Vokabeln in folgender Weise zu lernen: Er verdeckt die französischen Vokabeln in der linken Spalte und ergänzt die Anwendungsbeispiele rechts, bei denen anstelle der Vokabeln meist nur das Zeichen ~ steht. (Diese Art des Vokabellernens ist besonders wirksam, wenn die Anwendungsbeispiele laut gelesen werden.)
- Mögliche Fehlerquellen aller Art, die deutschsprachigen Lernern besondere Schwierigkeiten bereiten, sind auf der jeweiligen Seite mit ⚠ gekennzeichnet.

Der Benutzer kann sich nach und nach – wie es gerade die zu bearbeitenden Texte erfordern – in das Grundvokabular einarbeiten.

Dieses Lernwörterbuch entspricht im Inhalt und im Aufbau allen Anforderungen, die die Textarbeit von der Klasse 10 bis zum Abitur stellt und wie sie in den Richtlinien und Lehrplänen der Bundesländer und in den *Einheitlichen Prüfungsanforderungen in der Abiturprüfung – Französisch*[2] beschrieben sind.

Diethard Lübke

Fachleiter für Französisch
am Studienseminar Meppen

---

[1] In Analogie zu D. Lübke. *Emploi des mots*. Lernwörterbuch in Sachgruppen (Neubearbeitung).

[2] *Einheitliche Prüfungsanforderungen in der Abiturprüfung – Französisch.* Herausgegeben vom Sekretariat der Ständigen Konferenz der Kultusminister der Länder in der Bundesrepublik Deutschland. Neuwied: Luchterhand, 1975/1980.

Table des matières

Parler de l'auteur et de son époque

Lire le texte

Résumer le texte

Analyser le texte

Commenter le texte

Comparer deux textes

Abréviations

m	masculin, männlich
f	féminin, weiblich
ind.	indicatif, Wirklichkeitsform
subj.	subjonctif, Möglichkeitsform
qc	quelque chose, etwas
qn	quelqu'un, jemand
⚠	verweist auf eine Fehlermöglichkeit, die unten auf der Seite erklärt wird

Parler de l'auteur et de son époque

1 L'auteur

→ 14 L'analyse de textes littéraires: Les auteurs, → 22 Particularités de l'analyse d'une pièce de théâtre: Les auteurs, les genres, → 25 Particularités de l'analyse d'un poème, d'une chanson: Les auteurs, → 28 L'analyse de textes non-littéraires: Les auteurs, les genres

l'auteur (m) ⚠	Autor, Verfasser	l'~ écrit un livre, qn est l'~ du livre
le talent	Talent	l'auteur emploie son ~ pour écrire, le livre révèle le ~ de l'auteur
le génie	Genie, Begabung	l'auteur a du ~, admirer le ~ de l'auteur
génial,e,aux,ales	genial	avoir une idée ~e
l'inspiration (f)	Inspiration, Eingebung	la nature est une source d'~ pour ce poète, attendre l'~
s'inspirer de	sich inspirieren lassen	~ d'une vieille légende populaire
l'imagination (f) ⚠	Phantasie	cet auteur est plein d'~, ce texte parle à l'~
imaginaire	ausgedacht	raconter des événements ~s
fictif,ve	fiktiv	c'est un personnage ~
inventer	erfinden	~ une histoire, ~ un univers poétique
exprimer	ausdrücken	~ ses idées, ~ ses sentiments
parler ⚠	sprechen	~ de qc, ~ d'un problème
l'art (m)	Kunst	l'~ d'écrire un livre, l'~ poétique, suivre les règles de l'~
écrire ⚠	schreiben	~ un livre, ~ un roman, ~ un texte
rédiger ⚠	verfassen	~ un texte, ~ un article de journal
modifier	verändern	~ le texte, ~ un chapitre
supprimer	weglassen	~ un passage du texte, ~ une phrase
la version	Fassung	la première ~, la ~ définitive

⚠	**auteur**	Attention à l'orthographe: auteur. (En anglais: au**th**or.)
	imagination	Distinguez «imagination» et **fantaisie**. (Fantaisie = caprice, goût passager et singulier.)
	parler	parler **de** qc (non pas «sur ...»).
	écrire	Écrire **de** qc (non pas «sur ...»).
	rédiger	-ge- devant a et o (nous réd**ige**ons, réd**ige**ant).

2 La publication

le manuscrit [manyskri]	Manuskript	corriger le ~, envoyer le ~ à l'éditeur
l'éditeur (m)	Verleger	chercher un ~ pour son livre
l'édition (f)	Ausgabe	l'~ originale, l'~ revue et corrigée
imprimer	drucken	~ un livre, ~ l'article
tirer	abdrucken	ce livre est tiré à deux mille exemplaires
le tirage	Auflage, Abdruck	un ~ de deux mille exemplaires
relier	einbinden	~ le livre
publier	veröffentlichen	~ un livre, le livre a été publié en 1923
la publication	Veröffentlichung	la ~ d'un ouvrage
paraître	erscheinen	le livre vient de ~, l'article a paru dans un journal
la librairie	Buchhandlung	acheter un livre dans la ~
vendre	verkaufen	la librairie vend des livres, ~ des journaux
épuisé,e	vergriffen	ce roman est ~

3 L'accueil du livre par le public

→ 8 Les premières impressions après la lecture

le public	Publikum	le ~ intellectuel, le ~ populaire, le livre trouve son ~
trouver	finden	Comment trouvez-vous ce livre?, ~ le livre intéressant
plaire	gefallen	cette comédie plaît au public, ce roman me plaît
le succès ⚠	Erfolg	le ~ littéraire, ce livre a été un grand ~
l'échec (m)	Mißerfolg	l'~ d'une pièce de théâtre à la première représentation, un ~ total
choquer	schockieren	~ le public, le public a été choqué par ce roman
le scandale	Skandal	un grand ~, provoquer un ~, un succès de ~
la censure	(staatliche) Zensur	le contrôle de la ~, le livre est interdit par la ~

⚠ **succès** — Attention à l'orthographe: succ**è**s. (En anglais: succ**ess**.)

la critique ⚠	Kritik	faire la ~ d'un livre, la ~ favorable, la ~ défavorable, la ~ juste, la ~ sévère
le compte rendu	Rezension	faire le ~ d'un livre
critiquer	kritisieren	~ un film
le goût	Geschmack	le ~ de l'époque, à mon ~, le ~ personnel
esthétique	ästhetisch	un jugement ~
admirer	bewundern	~ la beauté du poème, ~ le style
apprécier	gut finden	~ beaucoup le roman réaliste, ~ la clarté du style
l'appréciation (f)	Würdigung	l'auteur trouve l'~ des critiques
blâmer	tadeln	~ la lourdeur du style
le défaut	Mangel	critiquer les ~s
connu,e	bekannt	un auteur ~, un roman très ~
célèbre	berühmt	un roman ~, un auteur ~
le prix	Preis	recevoir un ~, le ~ Nobel, le ~ Goncourt
méconnu,e	verkannt	un auteur ~
inconnu,e	unbekannt	un écrivain qui reste ~
l'oubli (m)	Vergessen	tomber dans l'~

4 L'histoire littéraire

l'ouvrage (m)	Werk, Buch	lire un ~ sur la politique
l'œuvre (f)	Werk	des ~s choisies, les ~s de Voltaire
l'œuvre (m)	Gesamtwerk	l'~ de Victor Hugo
la littérature ⚠	Literatur	la ~ française, la ~ classique, la ~ de consommation
littéraire	literarisch	la critique ~, la langue ~, les œuvres ~s
l'histoire littéraire (f)	Literaturgeschichte	situer un auteur dans l'~, les époques de l'~
le siècle ⚠	Jahrhundert	le ~ classique, le XXe ~
la période	Periode	la ~ commence à ... et finit à ...

⚠	**critique**	Distinguez «**la** critique» (= action de critiquer) et «**le** critique» (= homme qui critique).
	littérature	Attention à l'orthographe: li**tt**érature. (En anglais: li**t**erature; en allemand: Li**t**eratur.)
	siècle	On écrit: **XVIIe** siècle, **XVIIIe** siècle, etc. (et non pas: 17. siècle).

L'histoire de la littérature française

XVIe siècle	Rabelais Ronsard Montaigne	*Renaissance*
XVIIe siècle	Corneille Molière La Fontaine Racine	*Classicisme*
XVIIIe siècle	Montesquieu Voltaire Diderot Rousseau	*Rationalisme*
	Mme de Staël Chateaubriand Lamartine Hugo	*Romantisme*
XIXe siècle	Stendhal Balzac Flaubert	*Réalisme*
	Zola Maupassant	*Naturalisme*
	Baudelaire	
	Mallarmé Rimbaud Verlaine	*Symbolisme*
	Claudel, Proust, Gide, Mauriac, Colette, Anouilh	
XXe siècle	Breton Éluard	*Surréalisme*
	Camus Sartre	*Existentialisme*
	Butor, Sarraute, Ionesco, Pagnol	

l'époque (f)	Epoche	l'~ classique, les traits caractéristiques de l'~ romantique, une ~ de transition
l'antiquité (f)	Antike	les auteurs de l'~ (= les anciens), imiter l'~
antique	antik	la littérature ~, un sujet ~
le Moyen Âge	Mittelalter	la littérature courtoise du ~
médiéval,e, aux,ales	mittelalterlich	l'art ~
la Renaissance	Renaissance	le XVIe siècle est le siècle de la ~, l'humanisme est l'idéal de la ~
le classicisme	Klassik	le ~ a l'idéal de perfection formelle
classique	klassisch	le siècle ~ (= le XVIIe siècle), la littérature ~, les grands auteurs ~s
le siècle des lumières	Jahrhundert der Aufklärung	Voltaire est un représentant du ~
le rationalisme	Rationalismus	la philosophie du ~ suppose que toute connaissance certaine vient de la raison
le romantisme	Romantik	le ~ est une réaction contre le classicisme et contre le rationalisme
romantique ⚠	romantisch	la poésie ~, le lyrisme ~
le réalisme	Realismus	le ~ s'oppose au romantisme, cet auteur décrit la nature avec ~
réaliste ⚠	realistisch	un roman ~, une description ~
le naturalisme	Naturalismus	le ~ reproduit minutieusement le réel le plus grossier et le plus bas
naturaliste	naturalistisch	un roman ~, un écrivain ~ est Zola
le symbolisme	Symbolismus	le ~ cherche derrière le monde une réalité plus profonde
symboliste	symbolistisch	un poème ~
le surréalisme	Surrealismus	le ~ littéraire, Éluard est un représentant du ~
l'existentialisme (m)	Existentialismus	l'~ est représenté principalement en France par Sartre
moderne	modern	la littérature ~, l'époque ~

⚠ **romantique**	Distinguez «romantique» (= qui appartient au romantisme) et «romanesque» (= propre au roman, par exemple: un récit romanesque).
réaliste	Un mot «réalistique» n'existe pas en français!

contemporain,e	zeitgenössisch	les romanciers ~s
actuel,le	aktuell	la littérature ~le
la doctrine	Doktrin	une ~ littéraire, la ~ classique, la ~ symboliste
l'origine (f)	Ursprung	étudier les ~s du romantisme, à l'~
le précurseur	Vorläufer	Baudelaire est un ~ du symbolisme
l'influence (f)	Einfluß	exercer une grande ~ sur qn
l'avènement (m)	Aufstieg	l'~ d'une époque nouvelle
l'apogée (m) ⚠	Höhepunkt	l'~ du romantisme, être à son ~
le déclin	Niedergang	le ~ du romantisme
la tradition	Tradition	la ~ littéraire en France, respecter la ~, rompre avec la ~

⚠ **l'apogée** est masculin: **un** apogée.

Lire le texte

5 Le livre, le texte

le livre	Buch	acheter un ~, un ~ de poche
le volume	Band	acheter les œuvres de Molière en trois ~s
le titre ⚠	Titel	le ~ du livre, le texte a pour ~: ..., le ~ indique le sujet
le sous-titre	Untertitel	lire le ~ d'un article de journal
intituler	betiteln	~ le texte, ce poème est intitulé «Le Lac», ce roman s'intitule «Le Rouge et le Noir»
la préface	Vorwort	l'auteur a mis une ~ en tête du livre, il explique ses intentions dans la ~
l'avertissement (m)	Vorrede	l'~ est une petite préface, l'~ au lecteur
la dédicace	Widmung	le livre porte une ~ à ...
la table des matières	Inhaltsverzeichnis	la ~ est placée à la fin du livre, chercher un chapitre dans la ~
le chapitre	Kapitel	ce roman se compose de 5 ~s, le numéro et le titre du ~
la page	Seite	le numéro de la ~, la ~ trente et un(e), lire qc à la ~ 3, la photo se trouve en haut de la ~, en bas de la ~
le paragraphe	Absatz	ce texte comporte deux ~s, le ~ précédent, le ~ suivant, chercher un titre à chaque ~
la ligne	Zeile	ce paragraphe va de la ~ 1 à la ~ 15, à la ~ 10 l'auteur dit: ..., trois ~s plus haut, cinq ~s plus bas, lire qc entre les ~s
le passage ⚠	Textstelle	citer un ~ important du texte
l'extrait (m)	Auszug	ce texte est un ~ d'un roman

⚠ **titre**	On dit: La fable «**Du** Corbeau et **du** Renard».
passage	est masculin: **un** passage, **un** long passage.

LECTURE

le texte ⚠	Text	ce ~ est tiré d'un roman, le ~ littéraire
authentique	authentisch, unverändert	ce texte ~ est difficile à comprendre
adapté,e	vereinfacht	un texte ~ en français facile
intégral,e, aux,ales	vollständig, ungekürzt	une édition ~e, un roman ~
abrégé,e	gekürzt	une édition ~e, ce texte est ~
l'image (f) ⚠	Bild	regarder les ~s du livre
la photo ⚠	Foto	une ~ en couleurs, découper une ~ dans un journal
l'illustration (f)	Illustration	les ~s dans un dictionnaire, le texte est complété par des ~s
le dessin	Zeichnung	un ~ humoristique dans une revue
le graphique ⚠	Graphik	ce ~ rapporte les résultats d'un sondage d'opinion
le caractère	Buchstabe	le gros ~, les ~s gras, écrire en ~s d'imprimerie
la majuscule	Großbuchstabe	le mot «Dieu» s'écrit avec une ~
la minuscule	Kleinbuchstabe	les noms communs commencent par une ~

6 La lecture du texte

le lecteur	Leser	les ~s du roman, les ~s d'un journal
la lectrice	Leserin	ce roman plaît aux ~s
la lecture	Lektüre	la ~ du journal, la ~ systématique, la ~ rapide, la ~ superficielle
lire	lesen	~ un roman, ~ un passage du texte
apprendre	erfahren	~ que (+ ind.), ~ qc sur qc
la note	Notiz	prendre des ~s en lisant le texte
sauter	überspringen	~ un passage du texte, ~ un chapitre
échapper	entgehen	un détail intéressant lui a échappé
inaperçu,e	unbemerkt	un détail qui passe ~

⚠	**texte**	Attention à l'orthographe: tex**te**. (En allemand: Tex**t**; en anglais: tex**t**, sans -e.)
	image	est féminin: **une** image, **une** bel**le** image.
	photo	est féminin: **une** photo, **une** bel**le** photo.
	graphique	est masculin: **un** graphique.

7 L'explication des mots inconnus

→ 37 Le vocabulaire

les annotations (f)	Anmerkungen	lire les ~, essayer de comprendre les ~, les ~ claires
le vocabulaire	1. Wortschatz 2. Vokabelhilfen, Wörterverzeichnis	le ~ de l'explication de textes chercher un mot inconnu dans le ~
le dictionnaire	Wörterbuch	chercher un mot dans le ~, le ~ bilingue, un ~ français-allemand, le ~ monolingue
le mot	Wort	expliquer les ~s inconnus de ce texte, chercher les ~s-clés du texte
le terme	Begriff	expliquer le ~ «terrorisme», un ~ général, un ~ abstrait
le sens [sɑ̃s]	Bedeutung	le ~ propre du mot, le ~ figuré, le ~ péjoratif

Sens propre:	**Sens figuré:**
le pied (de l'homme)	le pied de l'arbre, le pied d'un mur
la tête	la tête de l'arbre, être à la tête d'une entreprise, le coureur qui a pris la tête du peloton

la signification	Bedeutung	chercher la ~ d'un mot dans le dictionnaire
signifier	bedeuten	Que signifie ce mot? Ce mot signifie: ...
vouloir dire	bedeuten	Que veut dire ce mot?
désigner	bezeichnen	le mot «lion» désigne un animal sauvage
entendre par	verstehen unter	Qu'est-ce que l'auteur entend par ce mot?
la définition	Definition	donner la ~ du mot, une ~ claire, une ~ incompréhensible
définir	definieren	~ le mot «liberté», ~ un terme
le contexte	Kontext, Zusammenhang	situer le mot dans son ~, dans ce ~ le mot désigne: ...
sémantique	semantisch	le champ ~

le synonyme	das Synonym (Wort mit gleicher Bedeutung)	«joyeux» est le ~ de «gai»
l'antonyme (m)	der Gegensatz	«compliqué» est l'~ de «simple»
l'exemple (m) ⚠	Beispiel	donner un ~, citer un ~, par ~
l'étymologie (f)	Etymologie, Herkunft	donner l'~ latine d'un mot français
comprendre	verstehen	~ le mot, ~ la définition, ~ le passage, ce texte est facile à ~
la compréhension	Verständnis	la ~ du texte
saisir	begreifen	~ le sens de la parole
traduire	übersetzen	~ en allemand, ~ une phrase, ~ mot à mot
la version ⚠	Übersetzung	donner la ~ du texte

8 Les premières impressions après la lecture

→ 3 L'accueil du livre par le public

l'effet (m)	Wirkung	produire un ~ sur qn, Quel est l'~ de cette scène?
l'impression (f)	Eindruck	Quelles sont vos ~s?, mes ~s personnelles, exprimer les premières ~s après la lecture
impressionner	beeindrucken	ce livre impressionne le lecteur, être profondément impressionné par ce texte
s'intéresser ⚠	sich interessieren	s'~ à ce sujet, s'~ aux romans policiers
intéressant,e	interessant	trouver ce film ~, ce roman est ~
l'intérêt (m)	Interesse	Pourquoi la scène éveille-t-elle l'intérêt du public?
l'attention (f)	Aufmerksamkeit	l'auteur attire l'~ du lecteur sur un détail

---

⚠	**exemple**	Attention à l'orthographe: ex**e**mple. (En anglais: ex**a**mple.)
	version	= traduction dans sa propre langue, opposé au **thème**.
	s'intéresser	S'intéresser **à** qc (non pas «pour ...»).

frapper	auffallen	ce qui me frappe c'est ..., un détail qui frappe particulièrement
frappant,e	auffällig	Qu'est-ce qu'il y a de ~ dans ce texte?, un détail ~
curieux,se	1. merkwürdig	un détail ~, un événement ~, un personnage ~
	2. neugierig	rendre le lecteur ~
la curiosité	Neugier	l'action éveille la ~ du lecteur
extraordinaire	außerordentlich	je trouve ~ que (+ subj.), un personnage ~
surpris,e	überrascht	le lecteur est ~ d'apprendre que (+ ind.)
se représenter	sich vorstellen	se ~ la belle nature que l'auteur a décrite
se mettre à la place	sich hineinversetzen	se ~ d'un personnage
s'identifier	sich identifizieren	s'~ avec un personnage, s'~ au personnage principal
sympathique	sympathisch	trouver un personnage ~
entrainé, e	mitgerissen	le lecteur est ~ par l'action
captivant,e	spannend	l'action est ~e, une lecture ~e
saisissant,e	ergreifend	une description ~e de la misère
émouvant,e	aufregend	un film ~
ému,e	aufgeregt, erregt	être ~ en lisant ces pages
amusant,e	lustig	une comédie très ~e, un détail ~
amuser	Spaß machen	la comédie amuse les spectateurs
s'amuser	Spaß haben	s'~ beaucoup en lisant le roman
rire	lachen	cette anecdote fait ~
divertissant,e	unterhaltend	cette comédie est très ~e
indifférent,e	gleichgültig	ce texte me laisse ~, être ~ à cette scène
ennuyeux,euse	langweilig	je trouve ce chapitre ~, ce film trop long est ~
ennuyer	langweilen	ce roman ennuie, je me suis ennuyé en lisant ce chapitre

Résumer le texte

9 Le résumé

le contenu	Inhalt	le ~ de ce chapitre, le ~ d'une lettre
contenir	enthalten	ce chapitre contient une description, cette scène contient un monologue
résumer	zusammenfassen	~ le texte, ~ le contenu du premier chapitre, ~ l'essentiel du texte, ~ en quelques phrases
le résumé ⚠	Zusammenfassung, Inhaltsangabe	faire le ~ du texte, un ~ structuré du texte
la contraction de texte	Zusammenfassung	faire une ~
le précis	Zusammenfassung	faire un ~ du texte
la paraphrase	Paraphrase, Umschreibung	faire une longue ~ du texte, cette explication de texte n'est qu'une ~
raconter	nacherzählen	~ l'action, ~ ce qui se passe dans ce chapitre

10 Le sujet du texte

le titre	Titel	ce texte a pour ~: ..., le ~ de ce chapitre est: ...
intitulé,e	betitelt	cette nouvelle de Maupassant est ~e «La ficelle»
le sujet	Thema	le titre indique le ~ du texte, le ~ principal, traiter un ~. Quel est le ~ de ce texte?
le thème	Thema	le ~ du premier paragraphe est: ...
l'idée générale (f)	Anliegen, Leitgedanke	Quelle est l'~ du texte?, indiquer l'~ du texte
la question	Frage	il est ~ de ..., une ~ d'actualité, une ~ intéressante
il s'agit de ⚠	es geht um	De quoi s'agit-il dans ce texte? Dans ce texte il ~ de ...
traiter	behandeln	~ les relations franco-allemandes
aborder	anschneiden	~ un sujet politique
le mot-clé ⚠	Schlüsselwort	chercher les ~s-~s dans ce texte

⚠	**résumé**	En allemand on écrit «**Resümee**».
	il s'agit de	«Le texte s'agit de ...» est faux!

11 La composition du texte: le résumé structuré

→ 23 Les parties d'une pièce de théâtre, → 29 Les parties d'un texte argumentatif

l'ensemble (m)	das Ganze	parler du texte dans son ~, examiner l'~ du texte et ensuite les détails
la composition	Aufbau, Gliederung	dégager la ~ du texte, analyser la ~ du texte, la ~ est claire
constitutif,ve	grundlegend	l'élément ~ de la composition est: ...
la structure	Struktur, Gliederung	mettre en relief la ~ du poème, la ~ régulière d'un sonnet, la ~ d'une pièce de théâtre
structuré,e	gegliedert	faire un résumé ~ du texte
structural,e	Struktur ...	l'analyse ~e du texte
le plan	Aufbau	dégager le ~ du texte
la partie ⚠	Abschnitt, Teil	la première ~ du texte, la dernière ~, la ~ principale du texte, il faut distinguer trois ~s dans ce texte, la première ~ va de la ligne 1 à la ligne 15
la sous-partie	Unterabschnitt	subdiviser une partie en ~s
le passage ⚠	Textstelle	souligner un ~ important du texte
le détail	Einzelheit	entrer dans les ~s, négliger quelques ~s
diviser	einteilen	~ le texte en deux parties, le texte se divise en deux parties, les actes se divisent en scènes
subdiviser	unterteilen	~ une partie en sous-parties
se composer	bestehen	le texte se compose de trois parties, la pièce comprend plusieurs actes
comprendre	umfassen	le texte comprend trois parties, la pièce comprend plusieurs actes
situer	einfügen	~ un passage dans l'ensemble du texte
le début	Anfang	au ~, le ~ du récit
l'introduction (f)	Einleitung	l'~ présente l'idée essentielle
la transition	Überleitung	ce passage sert de ~
la fin	Ende, Schluß	à la ~ l'auteur dit: ..., la ~ du film
la conclusion	Schluß	la ~ du texte, dans la ~ l'auteur donne une synthèse de ...

⚠	**mot-clé**	Le pluriel est «les mots-clés».
	partie	Distinguez «la partie» et «le paragraphe» (→ 5 Le livre, le texte). On dit: La partie **suivante** (non pas «prochaine»). Attention à l'orthographe: la part**ie** (mais «le parti politique»).
	passage	est masculin: **un** passage, **un** long passage.

Analyser le texte

Généralités

12 Les procédés d'analyse

l'explication de texte (f)	Interpretation	faire une ~, une ~ minutieuse, une ~ superficielle, ceci présente un intérêt pour l'~
expliquer	1. interpretieren 2. erklären	~ un texte de Sartre ~ un mot inconnu, essayer d'~
l'analyse (f) [-liz]	Analyse	faire une ~ de style, une ~ grammaticale
analyser [-li-]	analysieren	~ le genre du texte, ~ le style, ~ le rôle d'un personnage dans le récit, ~ les détails
l'étude (f)	Untersuchung	l'~ linguistique du texte
étudier	untersuchen	~ les relations entre deux personnages
examiner	untersuchen	~ le caractère d'un personnage
éclairer	klarstellen	~ le sens du texte
caractériser ⚠	charakterisieren	~ un personnage, ~ les éléments réalistes dans ce roman
caractéristique	charakteristisch	un détail ~, un trait ~ de ce personnage
montrer	zeigen	~ en quoi consiste le courage de ce personnage
indiquer	nennen, hinweisen	~ le sujet du texte, ~ en quoi consiste le comique de cette scène
constater	feststellen	~ un fait, ~ le réalisme de cette description, ~ que (+ ind.)
la constatation	Feststellung	faire une ~, la ~ d'un fait important
dégager ⚠	herausarbeiten	~ le plan du texte, ~ les rapports entre ... et ..., ~ les intentions de l'auteur

---

⚠	**caractériser**	Attention à l'orthographe: **c**aractériser. (En allemand: **ch**arakterisieren; en anglais: **ch**aracterize.)
	dégager	-ge- devant a et o (nous déga**ge**ons, déga**ge**ant).

relever ⚠	herausarbeiten	~ les éléments constitutifs de cette description
mettre en lumière	klären	~ les ressemblances entre deux textes
distinguer [-geː]	unterscheiden	~ les trois parties de ce texte
préciser	genau angeben	~ l'idée générale du texte, ~ ce que l'auteur a voulu dire
situer	einordnen	~ un mot dans le contexte
le résultat [-ta]	Ergebnis	résumer les ~s de l'explication, un ~ précis
clair,e	klar	le résultat est ~, la composition est ~e
obscur,e	schwer verständlich	une idée ~e, un passage ~ du texte, cette phrase reste ~e
facile	leicht	~ à comprendre, un texte ~, ~ à expliquer
difficile	schwierig	~ à comprendre, un texte ~
compliqué,e	kompliziert	une histoire ~e, une question ~e
complexe ⚠	vielschichtig	les relations entre deux personnages sont ~s, le caractère ~ de ce personnage se ramène à un trait dominant

13 Les différents aspects et leur importance

l'aspect (m) [aspɛː]	Aspekt	analyser les différents ~s de qc, ce chapitre nous montre un ~ nouveau de ...
l'élément (m)	Element	analyser les ~s d'un problème, trouver un ~ nouveau dans ce chapitre
le trait	Merkmal	chercher les ~s caractéristiques, analyser les ~s dominants d'un caractère
le caractère	Merkmal	cette fable de La Fontaine a le ~ d'une petite comédie
la particularité	Besonderheit	trouver une ~ curieuse, analyser les ~s
la fonction ⚠	Funktion	Quelle est la ~ de ce personnage?

⚠	**relever**	je rel**è**ve, il rel**è**ve, nous relevons, ils rel**è**vent.
	complexe	Attention à l'orthographe: complex**e** (avec -e).
	fonction	Attention à l'orthographe: f**o**nction. (En anglais: f**u**nction; en allemand: F**u**nktion.)

le rôle ⚠	Rolle	jouer un ~ important, analyser le ~ de ce personnage. Quel est le ~ de la nature dans cette chanson?
la portée	Tragweite	examiner la ~ de cette question
l'importance (f)	Wichtigkeit	attacher une grande ~ à qc, cela n'a pas d'~
important,e	wichtig	un détail ~, un indice ~, la partie la plus ~e, un événement ~, ce qui est le plus ~ c'est que ...
essentiel,le	wesentlich	résumer les idées ~les, c'est la partie ~le du texte, un point ~
principal,e, aux,ales	Haupt...	l'idée ~e, les sujets ~aux du texte, c'est la scène ~e
central,e	Zentral...	l'événement ~, une idée ~e
le centre	Kern	l'amour occupe le ~ de ce roman
dominer	beherrschen	ce trait domine dans cette scène
décisif,ve	entscheidend	un argument ~, le moment ~
significatif,ve	bezeichnend	un détail ~ du texte
typique [ti-]	typisch	un personnage ~ de Molière
secondaire	zweitrangig	une scène ~, un personnage ~, avoir un rôle ~
insignifiant,e	unwichtig	un petit détail ~, un épisode ~ de l'action
négligeable [-ʒa-]	belanglos	un détail ~
inutile	nutzlos	un détail ~ à l'explication

L'analyse de textes littéraires

14 Les auteurs

→ 1 Parler de l'auteur et de son époque: L'auteur

l'écrivain (m)	Schriftsteller	les ~s français, un grand ~
le romancier	Romanschriftsteller	le ~ écrit des romans, Balzac a été un grand ~ du XIXe siècle
le narrateur	Erzähler	le ~ nous raconte ..., le moi ~
narratif,ve	erzählend	un texte ~

⚠ **rôle** est masculin: jouer **un** rôle, **son** rôle.

raconter ⚠	erzählen	~ une histoire, ~ l'action, ~ la vie
la première personne	Ich-Form	utiliser la ~ dans un récit, écrire à la ~
rapporter	berichten	~ des événements historiques
décrire	beschreiben	~ la nature, ~ le lieu de l'action, ~ un personnage

15 Les genres

→ 22 pièce de théâtre, → 25 poésie

le genre	Gattung, Textsorte	Quel est le ~ de ce texte?
le récit	Erzählung	un ~ humoristique, l'auteur fait le ~ des événements
l'histoire (f)	Geschichte	raconter une ~ amusante
l'anecdote (f)	Anekdote	l'~ rapporte un petit fait curieux et historique, l'~ fait rire
la fable	Fabel	une ~ de La Fontaine, la moralité de la ~
la légende	Legende	une ~ religieuse, une ~ folklorique
l'épopée (f) ⚠	Epos, Verserzählung	lire une vieille ~ du Moyen Âge, l'~ célèbre un héros, l'~ rapporte un grand fait
épique	episch	un texte ~, un poème ~, le style ~
le conte	1. Märchen	les ~s de fées, les ~s de Mille et Une Nuits
	2. Erzählung	les ~s de Maupassant
la nouvelle	Novelle	lire les ~s de Mérimée
le roman	Roman	le ~ réaliste de Balzac, le ~ naturaliste de Zola, le ~ policier, le ~ sentimental, le ~-photo
les mémoires (m)	Memoiren	les ~ de Saint-Simon
l'autobiographie (f)	Selbstbiographie	un homme célèbre qui écrit son ~, l'~ de De Gaulle
autobiographique	autobiographisch	un roman ~, ce roman a des traits ~s
je journal intime	Tagebuch	écrire un ~ ~
la science-fiction	Science-fiction	voir un film de ~, lire un roman de ~
la bande dessinée, la B.D.	Comics	aimer les ~s ~s
la bulle	Sprechblase	lire les ~s
le dessin	Zeichnung	regarder le ~
le premier plan	Vordergrund	au ~
l'arrière-plan (m)	Hintergrund	à l'~

⚠	**raconter**	Raconter **qc** (non pas «de qc»).
	épopée	est féminin: **une vieille** épopée.

16 Passages descriptifs

la description ⚠	Beschreibung	donner une ~ précise de qc, une ~ vivante, apprécier l'exactitude de cette ~
décrire ⚠	beschreiben	~ un paysage, ~ qc dans tous les détails, ~ qc en peu de mots
le tableau,x	Beschreibung, Bild	analyser les aspects de ce ~ de la nature
l'image (f) ⚠	Bild	l'auteur nous donne une ~ précise de cette ville, cette ~ reste vague
dessiner	zeichnen	~ à larges traits, ce portrait est bien dessiné
peindre ⚠	schildern	~ un paysage
la peinture	Schilderung	la ~ du milieu social dans ce roman, cette ~ parle à l'imagination du lecteur
le pittoresque	Anschaulichkeit	décrire qc avec beaucoup de ~, noter le ~ de cette description
l'observation (f)	Beobachtung	le pittoresque résulte d'une ~ attentive de la réalité
observer	beobachten	~ les gens dans les grandes villes, ces traits sont bien observés
réaliste ⚠	realistisch	une description ~, décrire de façon ~, analyser les détails ~s
le réalisme	Realismus	noter le ~ de cette description
la réalité	Wirklichkeit	ce trait est tiré de la ~
précis,e	genau	faire une description ~e
vague [vag]	ungenau	cette description reste ~, recevoir une impression ~
nuancé,e	nuancenreich	c'est une description ~e
la nuance	Nuance	une ~ fine, ce tableau est riche en ~s
la couleur locale	Lokalkolorit	trouver dans ce récit quelques traits de ~
suggérer ⚠	anschaulich machen	cet auteur suggère plus qu'il ne peint
suggestif,ve	anschaulich	une description ~ve

⚠ **description**	Attention à l'orthographe: descri**p**tion.	En anglais: to descri**b**e.
décrire	Distinguez: d**é**crire – la d**e**scription.	
image	est féminin: **une** bel**le** image.	
peindre	Je pein**s**, il pein**t**, ils pei**gn**ent – il a pein**t**.	
réaliste	Un mot «réalistique» n'existe pas!	
suggérer	il sugg**è**re – il a sugg**é**ré.	

évocateur,trice	anschaulich	une description ~trice
se représenter	sich vorstellen	cette description précise permet de se ~ la rue
l'atmosphère (f)	Atmosphäre	l'auteur rend l'~ du paysage, une ~ mélancolique
l'ambiance (f)	Atmosphäre	une ~ gaie, être sensible à l'~
le ton	Ton	le ~ amusant, le ~ spirituel de ce texte
le contraste ⚠	Kontrast	il y a un ~ entre ... et ..., le ~ est frappant, le ~ saute aux yeux

17 Le lieu de l'action

le lieu de l'action	Handlungsort	décrire le ~, analyser la description du ~, le ~ est à Paris, le ~ change au deuxième acte
le cadre	Handlungsort	la ville de Paris sert de ~ à l'action de ce roman, le ~ antique des tragédies classiques
le décor	Handlungsort	l'auteur dessine le ~ où se passe l'action
la scène	Handlungsort	la ~ se passe en Espagne, observer la ~
se trouver	sich befinden	~ à Paris, l'auteur nous indique où se trouvent les personnages
se passer	stattfinden	l'action se passe à Paris
se dérouler	stattfinden	cette comédie se déroule à Marseille

18 Le déroulement de l'action

l'action (f)	Handlung	analyser l'~ de la pièce, l'~ principale, cette scène manque d'~
agir	handeln	analyser comment le personnage agit en ce moment
l'intrigue (f)	(verwickelte) Handlung	l'~ se complique, l'invraisemblance de l'~
le début	Anfang	le ~ de l'action
l'exposition (f)	Exposition	cette scène d'~ nous renseigne sur les faits indispensables à la compréhension de l'action
le nœud [nø]	Knoten, Verwicklung	le ~ de l'intrigue

⚠ **contraste** Attention à l'orthographe: constraste (avec -e).

l'étape (f) ⚠	Etappe	l'action se déroule en plusieurs ~s, retracer et analyser les ~s de l'action
l'événement (m) [evɛ-] ⚠	Ereignis	les ~s s'enchaînent logiquement, la chronologie des ~s, l'~ se produit, un ~ imprévu, un ~ important
l'épisode (m) ⚠	Episode	un ~ important, un ~ dramatique, ce roman contient une suite d'~s plaisants
la scène	Szene	une ~ comique, une ~ tragique, une ~ de famille
la situation	Situation	l'auteur décrit une ~ comique, analyser la ~ au début du deuxième acte, la ~ initiale, la ~ finale
le moment	Augenblick	le ~ décisif approche, un ~ captivant de l'action
le changement	Veränderung	analyser les ~s, le ~ de la situation
le déroulement	Verlauf	situer une scène dans le ~ de l'action
se dérouler	verlaufen	l'action se déroule vite
se passer	geschehen	Que se passe-t-il dans ce récit?
l'ordre (m) **chronologique**	zeitliche Reihenfolge	ce récit suit l'~ des événements
progresser	fortschreiten	l'action progresse vite, ~ lentement
la progression	Fortschreiten	analyser la ~ de l'action dans ce chapitre
dramatique	dramatisch	le mouvement ~ de l'action
captivant,e	spannend	l'action est ~e, une lecture ~e
le suspense	Spannung	créer un ~, l'auteur sait manier le ~, le ~ palpitant, aimer le ~
l'impatience (f)	Ungeduld	attendre le dénouement avec ~
la péripétie	Handlungsumschwung	observer les ~s de l'action avec intérêt, la ~ renouvelle l'intérêt du lecteur
le coup de théâtre	überraschende Wendung	un ~ modifie brusquement l'action
le point culminant	Höhepunkt	le ~ de l'action, le ~ de la tragédie
le dénouement	Schluß	le ~ heureux, le ~ tragique, le ~ de l'action satisfait le lecteur
la catastrophe	tragischer Ausgang der Handlung	la ~ est le dénouement funeste d'une tragédie, l'action se termine par une ~
la fin	Ende	la ~ de l'action, à la ~, la ~ du film

⚠	**étape**	Attention à l'orthographe: éta**p**e. (En allemand: Eta**pp**e.)
	événement	L'orthographe «év**è**nement» est tolérée.
	épisode	est masculin: **un** épisode, **un** épisode imprévu.

19 Les ressorts de l'action

le motif	Motiv (geistig)	Quel est le vrai ~ de sa décision? Pour quel ~ a-t-il agi ainsi?
le mobile	Motiv (seelisch)	la haine est le ~ de ses actions, chercher les ~s
le but [by]	Ziel	avoir un ~, dans quel ~ fait-il cela?
la cause	Ursache	chercher les ~s, analyser les ~s, c'est la ~ la plus vraisemblable pour ...
la raison	Grund	pour quelle ~ fait-il cela?
le conflit ⚠ [kɔ̃fli]	Konflikt	un ~ de devoirs, un ~ d'intérêts, l'amour et le devoir entrent en ~
la décision	Entscheidung	prendre une ~, changer sa ~
réagir	reagieren	il y a deux possibilités pour ~. Comment réagit-il?
la réaction	Reaktion	analyser les ~s de ce personnage
l'émotion (f)	Erregung	être plein d'~, jouer sur les ~s
ému,e	erregt	être ~, parler d'une voix ~e
la confusion	Verwirrung	dans cette scène la ~ est à son comble
confus,e	konfus	une situation ~e
se compliquer	sich verwickeln	l'action se complique
la ruse	List	employer une ~ pour tromper qn
rusé,e	listig	le renard ~ dans la fable
la méprise	Mißverständnis	l'intrigue repose sur une ~
le malentendu	Mißverständnis	les conséquences amusantes qui résultent d'un ~
la surprise	Überraschung	un effet de ~, une ~ l'attend, une mauvaise ~
le hasard [azar]	Zufall	examiner le rôle du ~ dans l'action, un heureux ~, quel ~!, par ~
inattendu,e	unerwartet	une péripétie ~e
imprévu,e	unvorhergesehen	un dénouement ~, une réaction ~e
invraisemblable	unwahrscheinlich	une histoire ~, un dénouement ~
la pointe	Pointe	la ~ finale du texte

20 Les personnages

le personnage ⚠	Person	le ~ principal, un ~ secondaire, ce ~ joue un rôle important dans le roman

---

⚠	**conflit**	Attention à l'orthographe: conflit (sans **-c-**). (En anglais: confli**c**t; en allemand: Konfli**k**t.)
	personnage	Dans un roman, dans une pièce de théâtre, etc. il y a des **personnages** (non pas des «personnes»).

le héros ⚠ [e:ro]	Hauptperson	c'est le ~ de ce roman
le portrait	Personenbeschreibung	l'auteur nous fait le ~ physique et moral du personnage
présenter	darstellen	l'auteur présente ce personnage comme un lâche
figurer	vorkommen	un personnage figure dans un récit, dans une pièce de théâtre
l'aspect (m) **physique** [fi-]	äußere Erscheinung	analyser ~ de ce personnage
la physionomie [fi-]	Gesichtszüge	analyser les traits les plus caractéristiques de sa ~
les mouvements (m)	Bewegungen	les ~ vifs, les ~ lents, les ~ adroits
le geste ⚠	Gebärde	analyser les ~s du personnage
la mimique	Mienenspiel	sa ~ traduit son émotion
la mine	Miene	une ~ soucieuse, une ~ heureuse
le corps	Körper	les parties du ~
le moral	das Innere	décrire le ~ par le physique
le caractère ⚠	Charakter	peindre le ~, les traits principaux de son ~, agir selon son ~, analyser le ~
l'état d'esprit (m)	Geisteshaltung	Quel est l'~ de ce personnage?
la mentalité	Geisteshaltung	sa ~ est primitive
l'attitude (f)	Einstellung	analyser son ~ envers la politique, adopter une ~ à l'égard de ...
la psychologie [psikɔ-]	Seelenleben	analyser la ~ de ce personnage
psychologique	psychologisch	étudier les différentes phases de l'évolution ~ de ce personnage
le sentiment	Gefühl	éprouver un ~ de joie, dégager du texte les ~s qui dominent le personnage, le ~ s'exprime par ...
la passion	Leidenschaft	l'auteur montre la ~ de son héros
le tempérament	Temperament	avoir un ~ gai, un ~ vif
le comportement	Verhalten	analyser le ~ de qn, comprendre le ~ de qn envers un autre
se comporter	sich verhalten	se ~ envers qn, se ~ comme un lâche
évoluer	sich entwickeln	ce personnage évolue

⚠ **héros**	Attention à l'orthographe et à l'article: **le** héros. (Mais: **l'**héroïne.)
geste	est masculin: **un** geste de la main, **un** geste vif.
caractère	Attention à l'orthographe: **c**aractère. (En allemand: **Ch**arakter; en anglais: **ch**aracter.)

21 Les paroles

la voix	Stimme	parler à ~ basse, la ~ douce
le ton	Ton	le ~ de la voix, baisser le ~
crier	schreien	~ de colère
s'écrier	ausrufen	«Ah, quel scandale», s'écria-t-il.
chuchoter	flüstern	~ qc à l'oreille de qn
la parole	Wort, Worte	adresser la ~ à qn
le monologue ⚠	Monolog	prononcer un long ~, un ~ intérieur
le dialogue ⚠	Dialog	un ~ entre deux personnages, un ~ fictif
la conversation	Unterhaltung	être en ~ avec qn
l'entretien (m)	Unterredung	avoir un ~ avec qn
le discours direct	direkte Rede	l'auteur emploie le ~ dans son récit
le discours indirect	indirekte Rede	rapporter ce que le personnage dit en ~
le style indirect libre	erlebte Rede	ce texte contient le ~

Particularités de l'analyse d'une pièce de théâtre

22 Les auteurs, les genres

→ 1 Parler de l'auteur et de son époque: L'auteur

le dramaturge ⚠ [-ʒ]	Dramatiker	le ~ écrit des pièces de théâtre
l'auteur (m)	Autor	l'~ comique, l'~ tragique
le théâtre	dramatisches Werk	le ~ de Corneille, le ~ de Sartre
la pièce de théâtre	Drama, Theaterstück	une ~ en trois actes, jouer une ~
la tragédie	Trauerspiel, Tragödie	une ~ de Corneille, la ~ excite la terreur et la pitié
tragique	tragisch	une scène ~, un dénouement ~
la comédie	Lustspiel, Komödie	une belle ~ de Molière, la ~ fait rire, une ~ d'intrigue
la farce	Schwank, Farce	le comique grossier de la ~
la satire	Satire	une ~ contre les médecins

⚠ **monologue, dialogue**	Attention à l'orthographe: monolo**gue**, dialo**gue**.
dramaturge	Distinguez «le dramaturge» et en allemand «**Dramaturg**» (= literarischer Berater).

comique	komisch	distinguer le fond sérieux et la forme ~ de cette comédie
le comique	Komik	le ~ de situation, le ~ de caractère, le ~ de mots
le sketch	Sketch	jouer un ~, un ~ comique
le drame ⚠	(romantisches) Schauspiel	un ~ de Victor Hugo, le ~ romantique, le ~ est tragique et comique à la fois
dramatique	dramatisch	analyser le mouvement ~ de cette scène
l'opéra (m) ⚠	Oper	voir un ~, l'ouverture de l'~
le film	Film	tourner un ~, voir un ~ au cinéma, le télé~
le scénario	Drehbuch	écrire le ~ du film
le feuilleton	Fortsetzungsroman	un ~ diffusé à la télévision
la pièce radiophonique	Hörspiel	écouter une ~
l'émission (f)	Sendung	les ~s à la radio, les ~s à la télévision

23 Les parties d'une pièce de théâtre

l'acte (m)	Akt, Aufzug	une tragédie en cinq ~s
le tableau,x	Bild	une pièce en trois actes et en huit ~x
la scène	Szene	cette ~ se passe entre le père et sa fille, la ~ précédente, la ~ suivante
le prologue [-ɔg]	Vorspiel, Prolog	le ~ précède la pièce
le monologue ⚠ [-ɔg]	Monolog	ce ~ est construit sur le thème de l'amour, un ~ délibératif (qui montre un conflit)
la tirade	lange Rede, Tirade	une ~ pathétique, l'acteur récite sa ~
le dialogue ⚠ [-ɔg]	Dialog	nous assistons à un ~ entre ... et ..., cette scène s'ouvre par un ~
la réplique	Erwiderung	un échange de ~s, donner une ~ adroite
la stychomythie [stikomiti]	Stichomythie	la ~ est un dialogue où les interlocuteurs se répondent vers par vers

---

⚠	**drame**	A l'allemand «Drama» correspond «**pièce de théâtre**».
	opéra	est masculin: **un** grand opéra.
	monologue, dialogue	Attention à l'orthographe: monolo**gue**, dialo**gue**.

le récit	Botenbericht	le ~ d'un événement important (qui n'est pas représenté sur la scène)
les trois unités (f)	die drei Einheiten	les ~ de la tragédie classique: unité d'action, unité de lieu, unité de temps
l'entracte (m)	Zwischenakt	l'~ est le temps qui sépare un acte de l'autre

24 Le théâtre, les acteurs

le théâtre	Theater	la salle de ~, le ~ des Champs Elysées
la scène	Bühne	un personnage entre en ~
le public	Publikum	le ~ applaudit, le ~ siffle
le spectateur	Zuschauer	les ~s regardent le jeu des acteurs
la représentation	Aufführung	la ~ d'une comédie
la première représentation	Premiere	assister à la ~ d'une nouvelle comédie, la ~ a eu lieu en 1923
la troupe	Ensemble	la ~ représente la pièce
l'acteur (m)	Schauspieler	l'~ joue un rôle, le costume de l'~
l'actrice (f)	Schauspielerin	
la vedette ⚠	Star	cet acteur est une grande ~, les ~s du film
le rôle ⚠	Rolle	le ~ principal, un ~ secondaire, jouer un ~
le personnage ⚠	Person	le ~ principal de cette pièce, la liste des ~s, un ~ muet

Quelques personnages du théâtre:

l'amant (m)	Liebhaber	**la confidente**	Vertraute
l'amante (f)	Geliebte	**la coquette**	Kokette
le rival	Nebenbuhler	**le sot**	Dummkopf
le valet	Diener	**l'hypocrite** (m) [ipɔ-]	Heuchler
la servante	Dienerin		

⚠	**vedette**	se dit aussi d'un homme.
	rôle	est masculin: **un** grand rôle.
	personnage	Dans la littérature il y a des **personnages** (non pas des «personnes»).

la mise en scène ⚠	Inszenierung	la ~ moderne d'une tragédie classique, la ~ d'un film
le metteur en scène	Regisseur	un ~ célèbre
les indications scéniques (f) ⚠	Szenenangaben	les ~ qui précèdent le premier acte nous indiquent le lieu de l'action
jouer	spielen	~ un rôle, ~ le personnage du Cid
le jeu,x	Spiel	admirer le ~ des acteurs

Particularités de l'analyse d'un poème, d'une chanson

25 Les auteurs

→ 1 Parler de l'auteur et de son époque: L'auteur

le poète	Dichter	les ~s romantiques, l'inspiration du ~
faire un poème	dichten	le poète fait des poèmes
le fabuliste	Fabeldichter	La Fontaine est le plus grand ~ français
le chansonnier	Liederdichter	Charles Trenet («La mer») a été un grand ~
l'auteur-compositeur (m)	Verfasser und Komponist	Maxime Le Forestier est un ~ très connu. Dans la chanson, ~ fait un portrait critique de ...
composer	komponieren	~ les paroles et la musique

26 Les genres

la poésie	1. Dichtung 2. kleines Gedicht	la ~ et la prose, la ~ romantique une ~ de Victor Hugo
poétique	dichterisch	la langue ~
lyrique [li-]	lyrisch	la poésie ~, un poème ~ plein de mélancolie, le moi ~
le lyrisme [li-]	Lyrik	le ~ est l'expression des sentiments intimes et personnels
le poème	Gedicht	analyser un ~, réciter un ~
l'ode (f)	Ode	l'~ célèbre un grand personnage ou un grand événement

---

⚠ **mise en scène** (Le mot «**régie**» signifie en français: «entreprise nationalisée», par exemple: la régie Renault.)

scénique Distinguez «la scène» et «scénique».

l'élégie (f) [-ʒi]	Elegie	une ~ romantique, la fuite du temps et un amour malheureux sont des sujets de l'~
l'hymne (m) ⚠ [imn]	Hymne	l'~ national
le sonnet ⚠	Sonett	le ~ est un poème à forme fixe, le ~ se compose de deux quatrains et de deux tercets
la ballade	Ballade	la «B~ des Pendus» de Villon, les ~s de Schiller
la fable	Fabel	une ~ de La Fontaine, la moralité de la ~
la chanson ⚠	Lied, Chanson	l'air et le texte de la ~, la ~ populaire, la ~ engagée

27 La versification

la versification	Metrik	analyser la ~ de ce poème
la structure	Struktur	la ~ claire de ce poème
la forme	Form	le sonnet est un poème à ~ fixe
la strophe [-ɔf]	Strophe	ce poème se compose de quatre ~s, cette chanson comprend trois ~s
le quatrain	Quartett	le ~ est une strophe à quatre vers, cette ode est composée de ~s
le tercet	Terzett	le ~ est une strophe à trois vers, le sonnet est composé de deux quatrains et de deux ~s
le couplet	Liedstrophe	les ~s d'une chanson
le refrain	Refrain	chanter le ~ de la chanson
le vers ⚠ [vɛr]	Vers	faire des ~, le nombre des ~ dans chaque strophe, la première strophe comprend quatre ~
le mètre	Metrum, Versmaß	le ~ d'un vers français est déterminé par le nombre des syllabes
le rythme ⚠ [ri-]	Rhythmus	le ~ expressif d'un vers

⚠	**hymne**	est masculin: chanter **un** hymne, l'hymne nationa**l**.
	sonnet	Attention à l'orthographe: so**nnet**. (En allemand: So**nett**.)
	chanson	est féminin: chanter **la** chanson, **une** bel**le** chanson.
	vers	Attention à l'orthographe: ver**s** (ver = Wurm, verre = Glas, vert = grün). On dit: les **versets** de la Bible.
	rythme	Attention à l'orthographe: rythme. (En allemand: **Rh**ythmus; en anglais: **rh**ythm.)

Baudelaire: L'Albatros

Souvent, pour s'amuser, les hommes d'équipage
Prennent des albatros, vastes oiseaux des mers ...

coupe/césure

Souvent, pour s'amuser, || *les hommes d'équipage*

rejet/enjambement

Prennent des albatros, || *vastes oiseaux des mers ...*

coupe/césure

hémistiche **hémistiche**

Alexandrin (= vers de douze syllabes):
Pren-nent des al-ba-tros, vas-tes oi-seaux des mers
1 2 3 4 5 6 7 8 9 10 11 12 **syllabes**

l'alexandrin (m)	Alexandriner, Zwölfsilber	l'~ est un vers de 12 syllabes, cette tragédie est écrite en ~s
le décasyllabe	Zehnsilber	ce poème est écrit en ~s
le vers libre	freie Rhythmen	cette fable de La Fontaine est écrite en ~ ~s
la coupe	Zäsur	ce vers contient une ~
la césure	Zäsur (stark)	la ~ coupe le vers en hémistiches, la monotonie de la ~ centrale
l'hémistiche (m) [-iʃ]	Halbvers	ce vers forme deux ~s
le rejet	Enjambement	constater le ~ d'un mot au vers suivant
l'enjambement (m)	Enjambement	il y a un ~ du vers 3 au vers 4
enjamber	Enjambement haben	ce vers enjambe sur le vers suivant
la rime ⚠	Reim	la ~ pauvre (né-été), la ~ suffisante (charité-pauvreté), la ~ riche (maison-saison), les ~s suivies (aa bb cc), les ~s embrassées (abba cddc), les ~s croisées (abab cdcd)
rimer	reimen	~ les vers, ces vers sont rimés

⚠ **rime** est féminin: **la** rime, **une** be**lle** rime.

L'analyse de textes non-littéraires

28 Les auteurs, les genres

→ 1 Parler de l'auteur et de son époque: L'auteur

le texte ⚠	Text	un ~ non-littéraire, un ~ scientifique
la dissertation ⚠	Aufsatz	écrire une ~ sur un sujet littéraire
le traité	Abhandlung	un ~ sur la situation de la jeunesse
le rapport	Bericht	faire un ~ détaillé de qc, un ~ objectif
l'exposé (m)	Bericht	un ~ écrit sur un sujet, un ~ oral
l'essai (m)	Essay	l'~ est caractérisé par une grande liberté de composition, un ~ politique
l'essayiste (m)	Essayist	l'~ écrit des essais, un ~ populaire
le tract [-kt]	Flugblatt	distribuer des ~s
le discours	Rede	un ~ politique, prononcer un ~, un ~ télévisé
l'orateur (m)	Redner	l'~ prononce un discours, être un bon ~
le sermon	Predigt	prononcer un ~
rhétorique	rhetorisch	employer des moyens ~s
les mass-media (m)	Massenmedien	l'influence des ~ sur l'opinion publique
le journaliste	Journalist	le ~ travaille pour un journal ou pour la télévision
la presse	Presse	la ~ française, la ~ à sensations
l'article (m) **de journal**	Zeitungsartikel	lire un ~, analyser un ~, découper un article dans un journal
la rubrique	Rubrik	la ~ des sports, la ~ littéraire
le commentaire	Kommentar	un ~ politique, écrire un ~ sur ...
commenter	kommentieren	~ les événements politiques
le commentateur	Kommentator	le ~ écrit dans un journal
l'éditorial (m)	Leitartikel	l'~ critique le gouvernement
l'interview (f) ⚠	Interview	faire une ~ avec un homme politique
interviewer [ĩ-]	interviewen	~ un homme politique
le reportage ⚠	Reportage	faire un ~ d'un match de football

⚠	**texte**	Attention à l'orthographe: tex**te**. (En anglais: tex**t**; en allemand: Text.)
	dissertation	Un docteur écrit une **thèse**.
	interview	est féminin: faire **une** longu**e** interview.
	reportage	est masculin: faire **un** long reportage.

le reporter [-tɛr]	Reporter	le ~ fait un reportage à la télévision
le fait divers	Ereignis vom Tage	lire les ~ ~
le sondage	Befragung	faire un ~
la publicité	Werbung	faire de la ~, la ~ par la presse
publicitaire	Reklame ...	un texte ~, une annonce ~
le compte rendu	Rezension	faire le ~ d'un livre
le critique	Rezensent	un livre rencontre l'appréciation des ~s
la lettre	Brief	écrire la ~, une ~ adressée à la rédaction de la revue
le courrier	Briefpost	le ~ des lecteurs, le ~ du cœur

29 Les parties d'un texte argumentatif

→ 11 La composition du texte: le résumé structuré

le titre	Überschrift	le texte a pour ~: ..., le ~ indique le sujet
le sujet	Thema	Quel est le ~ de cet article?
le point de départ	Ausgangspunkt	le ~ de l'argumentation
l'introduction (f)	Einleitung	le premier paragraphe de ce texte est l'~, dans l'~ l'auteur expose ...
la partie principale	Hauptteil	analyser la ~ de ce texte
le développement ⚠	Hauptteil	le ~ du sujet, le ~ détaillé
développer	entwickeln	~ ses idées sur un point intéressant, ~ un sujet
la transition	Überleitung	une ~ habile d'une idée à l'autre
passer	überleiten	~ à un autre sujet
revenir	zurückkommen	~ sur la même idée
la digression	Abschweifung	faire une ~, une ~ longue, une ~ courte
la parenthèse	Klammer	entre ~s
la conclusion	Schluß	cette ~ résume les points essentiels de l'argumentation, aboutir à la ~ que (+ ind.)
conclure ⚠	schließen	on peut ~ en disant que (+ ind.)

⚠ **développement** Attention à l'orthographe: développement. (En anglais: development.)

conclure je conclus, il conclut, nous concluons, ils concluent – il a conclu.

30 Le problème

le problème ⚠	Problem	aborder un ~, soulever un ~, les différents aspects du ~, un ~ difficile, traiter le ~, résoudre le ~
la question	Frage	poser une ~, la ~ se pose, une ~ brulante
l'idée (f)	Gedanke	avoir une ~, exposer ses ~s, exprimer ses ~s clairement
la pensée	Denken	la profondeur de la ~, la ~ de cet auteur est difficile à comprendre
la pensée	Ansicht	examiner la ~ de l'auteur, sa ~ est concise
penser	denken	~ à qc, ~ que (+ ind.). Qu'en pensez-vous?
réfléchir	nachdenken	~ à une question
la réflexion	Überlegung	analyser les ~s de l'auteur sur ..., qc donne matière à la ~
la considération	Erwägung	exposer des ~s générales sur un problème
abstrait,e	abstrakt	ses idées sont trop ~es, la pensée ~e

31 La prise de position

→ 42 Commenter le texte: Généralités

la prise de position	Stellungnahme	la ~ sur une question, formuler sa ~
l'opinion (f)	Meinung	avoir une ~ personnelle sur qc, exposer son ~, l'~ de l'auteur est que ..., un sondage d'~ sur ...
le point de vue	Standpunkt	exposer son ~ sur qc, préciser son ~
l'avis (m) [avi]	Ansicht	à mon ~, être d'~ que (+ ind.), donner son ~ personnel
croire	glauben	il croit que (+ ind.), il ne croit pas que (+ subj.)
trouver	finden	il trouve que (+ ind.), ~ bon de dire qc
sembler	scheinen	il semble que (+ subj.) ⚠, il me semble que (+ ind.)

⚠ **problème**	Attention à l'orthographe: problè**me**. (En allemand: Proble**m**; en anglais: proble**m**.)
sembler	il semble que **(+ subj.)** = il est douteux que ... il semble que **(+ ind.)** = il est probable que ...

l'hypothèse (f) [ipɔ-]	Hypothese, Vermutung	formuler une ~ sur qc, vérifier l'~
supposer	vermuten	il suppose que (+ ind.), supposons que …
la conviction	Überzeugung	j'ai la ~ que (+ ind.), ma ~ se fonde sur …, être confirmé dans sa ~
la conception	Auffassung	l'auteur expose sa ~ de la religion, constater dans ce texte l'opposition de deux ~s
l'attitude (f)	Einstellung	adopter une ~ critique sur qc, changer d'~. Quelle est son ~ à l'égard de …?
la position	Position	prendre ~ sur un problème, une ~ idéologique
prendre parti	Partei nehmen	~ pour qc, ~ contre qc
se prononcer	sich aussprechen	se ~ pour qc, se ~ contre qc
s'engager	sich engagieren	s'~ pour qc

32 Le raisonnement → 43 Consentement, → 44 Doute, réserve, → 45 Refus

le raisonnement	Gedankengang	analyser le ~ du texte, le ~ est clair
la thèse	These, Behauptung	soutenir la ~ que …
l'affirmation (f)	These, Behauptung	prouver son ~ par de bons arguments, appuyer son ~ par des exemples
affirmer	behaupten	l'auteur affirme que (+ ind.)
soutenir	behaupten	~ que (+ ind.), ~ une thèse, ~ le contraire
constater	feststellen	~ que (+ ind.), ~ un fait
la constatation	Feststellung	une ~ intéressante, la ~ d'un fait
l'argumentation (f)	Beweisführung	les différentes étapes de l'~, la conclusion de l'~
l'argument (m)	Argument	un ~ pour qc, un ~ contre qc, apporter des ~s, énumérer des ~s, un ~ valable
la raison ⚠	Grund	appuyer son opinion sur des ~s, donner des ~s convaincantes, pour cette ~
la preuve	Beweis	apporter des ~s, appuyer son raisonnement de ~s, la ~ en est que …

⚠ **raison** — On dit: «… **pour** cette raison» (non pas «de …»).

prouver	beweisen	~ la justesse de l'affirmation, l'auteur prouve ce qu'il a avancé
justifier	rechtfertigen	~ son opinion
c'est pourquoi	deshalb	~ l'auteur dit: ...
pour cela	deshalb	~ il faut constater que (+ ind.)
à cause de	wegen	~ cela
l'objection (f)	Einwand	faire une ~, répondre à des ~s, prévenir une ~ qui va être faite, réfuter les ~s
cependant	jedoch	il faut ~ rappeler que ..., c'est ~ faux
pourtant	jedoch	
quand même ⚠	trotzdem	je ne suis ~ pas convaincu, c'est ~ faux
réfuter	widerlegen	~ la thèse, ~ l'argument
la réfutation	Widerlegung	la ~ d'un argument
l'explication (f)	Erklärung	donner des ~s, des ~s supplémentaires
l'exemple (m) ⚠	Beispiel	prendre qc comme ~, emprunter un ~ à l'actualité, l'~ confirme qc, donner un ~ concret pour illustrer une idée abstraite, par ~
citer	zitieren	~ un exemple, ~ plusieurs phrases, ~ littéralement
la citation	Zitat	mettre la ~ entre guillemets et donner la référence, cette ~ est empruntée à Sartre, la ~ est tirée d'un journal
comparer	vergleichen	~ la situation actuelle au passé
la condition	Bedingung	poser une ~, à ~ de, à ~ que (+ subj.)
la conséquence	Folgerung	tirer la ~ de qc, les ~s qui résultent de cette constatation sont ..., en ~
par conséquent	folglich	il est communiste ~ il est contre la propriété privée
donc	folglich	
conclure	folgern	j'en conclus que (+ ind.)
la conclusion	Schlußfolgerung	l'auteur tire la ~ que (+ ind.)
la solution	Lösung	chercher une ~, trouver la ~ du problème soulevé
le résultat [-ta]	Ergebnis	Quel en est le ~?, le ~ de la discussion, présenter les ~s

---

⚠ **quand même** Attention à l'orthographe: quan**d** même (mais: quan**t** à moi).
exemple Attention à l'orthographe: ex**e**mple. (En anglais: ex**a**mple.)

33 La généralisation, la précision

généraliser [ʒe-]	verallgemeinern	~ les conclusions, ~ ce cas particulier
en général	im allgemeinen	parler ~, approuver ces conclusions ~
non seulement	nicht nur	
... mais encore	... sondern auch	
simplifier	vereinfachen	~ un problème, ~ les difficultés
atténuer	abschwächen	~ une affirmation
préciser	genauer ausdrücken	~ son opinion, ~ les conclusions
nuancer	genauer ausdrücken	il faut ~ cette thèse
distinguer [-ge:]	unterscheiden	il faut ~ deux catégories: ..., ~ les avantages et les désavantages
la distinction	Unterscheidung	faire la ~ entre ... et ..., cette ~ est artificielle
la différence	Unterschied	il y a une ~ importante entre ... et ..., faire une ~ entre ... et ...
d'un côté ... de l'autre côté ⚠	einerseits ... andererseits	~ c'est important ~ c'est trop difficile à résoudre
d'une part ... d'autre part	einerseits ... andererseits	
ambivalent,e	ambivalent, sich widersprechend	des sentiments ~s
contraire	gegensätzlich	deux opinions ~s, son point de vue est ~ à un autre
le contraire	Gegensatz	c'est le ~ de ..., au ~

L'analyse du fond et de la morale

34 Généralités

le fond	Gehalt	le ~ sérieux d'un récit amusant, discuter le ~ de ce roman, le ~ et la forme
le sens [sɑ̃s]	Sinn	Quel est le ~ de ce poème?, analyser le ~ profond, comprendre le ~
la morale	Moral	la ~ de ce conte est ..., la ~ donne des préceptes pour la vie

---

⚠ **côté** est masculin: **un** côté, **ce** côté.

la moralité	Moral	la ~ de la fable, la ~ suit la fable
la leçon	Lehre	tirer la ~ morale d'un conte, la ~ de morale qui résulte de cette fable
la sentence	Sinnspruch	un texte rempli de ~s, parler par ~s
la maxime	Maxime	la ~ de l'auteur est que …
le proverbe	Sprichwort	cette phrase a passé en ~, un ~ français
la vérité	Wahrheit	cette fable met en lumière une ~ éternelle
la thèse	These	le roman à ~, la ~ de l'auteur est que …
la philosophie	Philosophie	la ~ rationaliste, la ~ de Sartre
philosophique	philosophisch	analyser le plan ~ d'une pièce de Sartre, distinguer le plan ~ et le plan des événements
la théorie	Theorie	une ~ politique, une belle ~, en ~
la valeur ⚠	Wert	une ~ morale, le système des ~s
la conception	Auffassung	se faire une ~ personnelle de qc, la ~ de l'homme dans cette pièce
l'idéal (m)	Ideal	son ~ est de …
idéaliser	idealisieren	~ un personnage, représenter un monde idéalisé
la vision	Vision	l'auteur exprime sa ~ du monde, une ~ de l'avenir
l'utopie (f)	Utopie	c'est une ~ qui ne tient pas compte de la réalité
l'illusion (f)	Illusion	se faire des ~s

35 Les intentions de l'auteur

l'intention (f)	Absicht	Quelles sont les ~s de l'auteur?, dégager les ~s de l'auteur, il exprime ses ~s clairement
la tendance	Tendenz	analyser la ~ qui s'exprime dans le texte
le but [by]	Ziel	le ~ de l'auteur est de …, avoir pour ~ de …
vouloir	wollen	~ influencer le lecteur, ~ lutter contre la guerre, l'auteur veut que (+ subj.)
s'engager ⚠	sich einsetzen	s'~ pour qc, s'~ pour le désarmement, la littérature engagée

---

⚠	**valeur**	est féminin: **une** grande valeur.
	s'engager	-ge- devant a et o: nous nous enga**ge**ons, s'enga**ge**ant.

s'adresser	sich wenden	s'~ à la jeunesse
sensibiliser	sensibilisieren	~ le lecteur aux problèmes du tiers monde
influencer	beeinflussen	~ le lecteur, ~ l'opinion publique
conseiller	raten	~ qc à qn, ~ de faire qc
le conseil	Rat	donner un ~ au lecteur
persuader	überreden	~ le lecteur de son point de vue
la persuasion	Überredung	les techniques de la ~
la propagande	Propaganda	faire de la ~ pour qc
faire appel	appellieren	l'auteur fait appel à l'émotion, ~ à la raison
manipuler	manipulieren	~ la jeunesse, ~ le subconscient du lecteur
tromper	täuschen	~ qn, ne pas se laisser ~
démasquer	entlarven	~ l'égoïsme de qn, cette comédie démasque l'hypocrisie
dénoncer	aufdecken	~ l'absurdité de la guerre
protester	protestieren	~ contre l'injustice
exiger ⚠	fordern	~ des réparations, ~ des réformes sociales
revendiquer	fordern	~ une amélioration des conditions de vie
la revendication	Forderung	exprimer clairement ses ~s, satisfaire toutes les ~s
accuser	anklagen	~ qn de qc, ~ les syndicats de nuire à l'économie
attaquer	angreifen	~ un parti politique, ~ les riches
condamner	verurteilen	~ le coupable, ~ l'exploitation des ouvriers
reprocher	vorwerfen	~ à qn sa subjectivité
le reproche	Vorwurf	faire des ~s à qn, un ~ grave
polémique	polemisch	le ton ~ de ce texte
se moquer ⚠	verspotten	se ~ de son adversaire
ridicule	lächerlich	trouver cet argument ~
ridiculiser	lächerlich machen	~ les médecins, ~ les sots, ~ les hypocrites
la satire	Satire	faire la ~ des médecins
diffamer	diffamieren, verleumden	~ son adversaire

⚠ **exiger** -ge- devant a et o: nous exi**ge**ons, exi**ge**ant.
se moquer Se moquer **de** qn (non pas «sur ...»).

L'analyse de la langue

36 Le code

Le schéma de la communication

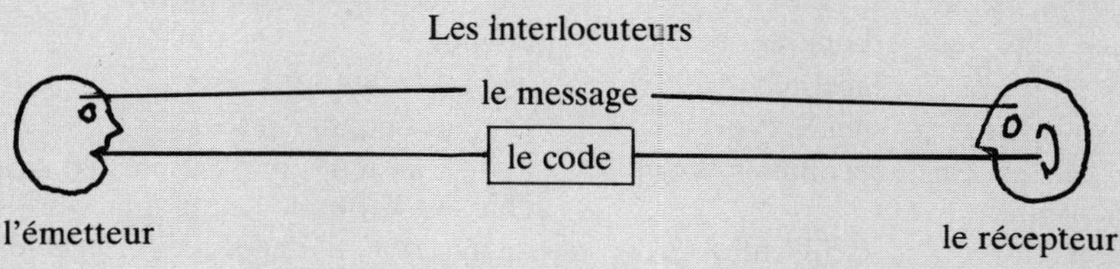

qn parle	(= l'émetteur)
à qn	(= le récepteur)
de qc	(= le message)
d'une certaine façon	(= le code, etc.)

la communication	Kommunikation	le processus de ~, la situation de ~
communiquer	kommunizieren, mitteilen	~ ses idées aux lecteurs
l'interlocuteur (m)	Gesprächspartner	les deux ~s, les différentes opinions des ~s
l'émetteur (m)	Sender	l'~ du message, l'~ s'adresse à qn
le récepteur	Empfänger	le ~ du message, les réactions du ~
le destinataire	Empfänger	produire un effet sur le ~
le message	Mitteilung	analyser le ~ de ce texte, faire parvenir un ~ à qn
l'information (f)	Information	le choix des ~, donner une ~
le code	Kode	le ~ écrit, le ~ parlé, employer un ~

37 Le vocabulaire

→ 7 L'explication des mots inconnus

la langue	Sprache	la ~ française, le niveau de ~, la ~ soutenue
la langue écrite	Schriftsprache	employer la ~
la langue courante	Umgangssprache	cette expression appartient à la ~
le français	Französisch	le ~ standard
lexical,e,aux,ales	lexikalisch	analyser les éléments ~aux du poème

le vocabulaire	Wortschatz	l'auteur emploie un ~ riche, ce mot appartient au ~ technique
le mot	Wort	les lettres et les syllabes d'un ~, le choix des ~s, un ~ recherché, un ~ étranger
l'orthographe (f)	Rechtschreibung	Quelle est l'~ de ce mot?
le terme	Begriff	un ~ technique, en d'autres ~s
concret,ète	konkret	un mot ~
abstrait,e	abstrakt	employer des mots ~s
le néologisme	neues Wort	l'auteur emploie des ~s
l'archaïsme (m) [arkaism]	veraltetes Wort	l'~ est un mot qui n'est plus en usage. Quel est l'effet de l'emploi de ces ~s?
l'argot (m)	(schlechte) Umgangssprache	un mot d'~, parler ~, l'~ des écoles
argotique	umgangssprachlich	la langue ~, un mot ~
la cheville	Füllwort	cette épithète est une ~
l'expression (f)	Ausdruck	les moyens d'~, employer des ~s simples, une ~ toute faite, une ~ ironique
exprimer	ausdrücken	~ une idée, ~ sa joie
la formule	Formulierung	cette ~ est ici employée avec ironie, une ~ proverbiale
la tournure	Wendung	la ~ élégante de cette phrase
la locution	Redewendung	une ~ argotique, une ~ adverbiale
le slogan [-gɑ̃]	Schlagwort	un ~ publicitaire
le lieu commun	Gemeinplatz	le ~ est une idée banale que tout le monde utilise

38 La grammaire

le nom	Nomen, Substantiv	Quel est le genre de ce ~?
le substantif	Nomen, Substantiv	
le verbe	1. Verb 2. Prädikat	les terminaisons des ~s le ~ et son sujet
l'épithète (f)	Adjektiv beim Substantiv	ce nom est accompagné de deux ~s, examiner le choix des ~s dans ce poème
l'adjectif (m) ⚠	Adjektiv	la place de l'~ devant ou après le nom
le superlatif	Superlativ	employer un ~

⚠ **adjectif** — On appelle «mon, ton, son ...» non pas des «pronoms», mais des **adjectifs possessifs**, et «ce, cet, cette, ces» des **adjectifs démonstratifs**.

superlatif,ve	superlativisch	une expression ~ve
l'adverbe (m)	Adverb	l'~ de lieu, l'~ de temps, l'~ de quantité, l'~ de manière, l'~ de négation
adverbial,e, aux,ales	adverbial	une locution ~e
l'ordre des mots (m)	Wortstellung	analyser l'~ dans cette phrase
la place ⚠	Stellung	la ~ de l'adjectif
antéposé,e	vorangestellt	un adjectif ~
postposé,e	nachgestellt	un adjectif ~
la syntaxe ⚠ [sĩ-]	Syntax	étudier la ~ de la phrase
le sujet	Subjekt	Quel est le ~ de cette phrase?
le complément	1. Objekt	le ~ d'objet
	2. Bestimmung	le ~ circonstanciel, le ~ d'attribution
la phrase	Satz	la ~ affirmative, la ~ exclamative, la ~ interrogative, la construction de la ~
la proposition	(Glied)Satz	la ~ principale, la ~ subordonnée
la relative	Relativsatz	employer une ~
elliptique	unvollständig	une phrase ~
la juxtaposition	Parataxe	la ~ de phrases dans ce paragraphe
l'enchaînement (m)	Verknüpfung	l'~ des phrases
l'interrogation (f)	Frage	l'auteur utilise des ~s

39 La ponctuation

la ponctuation	Zeichensetzung	analyser la ~ de la phrase, la ~ est claire
le point	Punkt	le ~ d'interrogation (?), le ~ d'exclamation (!), les ~s de suspension (...), le ~-virgule (;), les deux ~s (:)
la virgule	Komma	mettre une ~
les guillemets (m)	Anführungszeichen	mettre une citation entre ~
la parenthèse	Klammer	mettre un mot entre ~s, ouvrir la ~, fermer la ~
le tiret	Gedankenstrich	dans un dialogue le ~ annonce le changement d'interlocuteur

---

⚠	**place**	est féminin: **une** place, **la** bon**ne** place.
	syntaxe	Attention à l'orthographe: synta**x**e. (En anglais: synta**x**; en allemand: Synta**x**.) L'adjectif est «synta**xi**que» ou «synta**cti**que».

40 Le style

le style	Stil, Ausdrucksvermögen	l'auteur soigne son ~, analyser les qualités de ~, le ~ du récit
stylistique	stilistisch	étudier les moyens ~s
la légèreté	Leichtigkeit	admirer la ~ du style de La Fontaine
vivant,e	lebendig	raconter d'une façon ~e
l'harmonie (f)	Harmonie	admirer l'~ du style de ce texte classique
élégant,e	elegant	le style ~ de Voltaire, une tournure ~e
recherché,e	gewählt	ce mot me semble ~, ce style est trop ~
simple	einfach	une expression ~, le style est très ~
sec, sèche	trocken	un style un peu ~, parler d'un ton ~
lourd,e	schwerfällig	son style est ~, une phrase ~e
la lourdeur	Schwerfälligkeit	critiquer la ~ du style

41 Les procédés de style

le procédé de style	Stilmittel	l'auteur emploie des ~s de style, relever les ~s de style dans ce texte
l'antithèse (f)	Antithese	«La critique est aisée, mais l'art est difficile» est une phrase qui contient une ~, l'auteur emploie des ~s dans ce texte
antithétique	antithetisch	une phrase ~, un vers ~
l'énumération (f)	Aufzählung	une ~ d'épithètes, une ~ de traits pittoresques
énumérer ⚠	aufzählen	~ des détails, ~ des arguments
l'accumulation (f)	Häufung	une ~ d'adjectifs, une ~ de détails
accumuler	häufen	~ des adjectifs, ~ des compléments d'objet
la répétition	Wiederholung	la ~ monotone du même mot
répéter ⚠	wiederholen	~ le même mot plusieurs fois
le pléonasme	Pleonasmus	«Monter en haut» est un ~, éviter les ~s
la redondance	Redundanz, Wiederholung	ce discours est plein de ~s
la tautologie	Tautologie	«Être sûr et certain» est une ~

⚠ **énumérer** -è- devant un e muet: j'énum**è**re, il énum**è**re.
répéter -è- devant un e muet: je rép**è**te, il rép**è**te.

la périphrase	Umschreibung	«Astre du jour» est une ~ de «soleil», parler par ~s
l'allusion (f)	Anspielung	faire ~ à qc, cette phrase contient une ~ mythologique
le sous-entendu	Anspielung	ce texte est plein de ~s, comprendre le ~
le jeu de mots	Wortspiel	ce texte comporte plusieurs ~x de mots spirituels
la plaisanterie	Spaß	faire une ~, c'est une ~ spirituelle
l'ironie (f)	Ironie	l'~ est la façon de dire le contraire de ce que l'on veut faire entendre, une ~ fine, dire qc avec ~
ironique	ironisch	le ton ~ du texte
l'image (f) ⚠	Bild	s'exprimer par ~s
le symbole ⚠	Symbol	la colombe est le ~ de la paix
symbolique	symbolisch	un conte ~
symboliser	symbolisieren	la rose symbolise l'amour
la métaphore	Metapher	«La source du mal» est une ~, ce poème contient des ~s
métaphorique	metaphorisch	une expression ~
l'allégorie (f)	Allegorie	l'~ est une personnification d'abstractions, l'~ de la justice
allégorique	allegorisch	un personnage ~, un poème ~
la personnification ⚠	Personifikation	la ~ de la nuit, la ~ de la douleur
personnifier	personifizieren	la douleur est personnifiée dans ce poème
l'apostrophe (f)	Anrede	«O Lac!...» est une ~ au lac, une ~ à la nature, une ~ adressée aux dieux
l'exclamation (f)	Ausruf	une ~ de surprise, une ~ de joie
l'exagération (f)	Übertreibung	c'est une ~, tomber dans l'~
exagérer ⚠	übertreiben	l'auteur exagère en disant que ...
souligner	unterstreichen	~ une idée, ~ l'importance d'une constatation
insister	beharren	~ sur qc, ~ sur une idée

⚠	**image**	est féminin: **une** bel**le** image.
	symbole	Attention à l'orthographe: symbo**le**. (En anglais: symbo**l**; en allemand: Symbo**l**.)
	personnification	Attention à l'orthographe: perso**nn**ification.
	exagérer	-è- devant un e muet: j'exag**è**re, il exag**è**re.

mettre l'accent sur	den Akzent legen auf	~ un argument particulièrement important
mettre en relief	hervorheben	~ une idée, ~ une comparaison
la mise en relief	Hervorhebung	la ~ d'un mot, la ~ de cette idée
atténuer	abschwächen	~ une affirmation trop osée

Quelques procédés de style

La critique est ainsée, mais l'art est difficile.
= Antithèse

L'astre du jour. (pour: le soleil)
= Périphrase

Un thon téléphone à une sardine:
– Allô? *(= à l'eau)*
– Non, à l'huile.
= Jeu de mots

Les Allemands nous ont prouvé qu'ils aiment la France.
Il l'ont visitée en 1814, 1870, 1914, 1940.
= Ironie

Le printemps de la vie.
= Métaphore

Sois sage, ô ma Douleur, et tiens-toi plus tranquille …
(Baudelaire)
= Personnification

Commenter le texte

42 Généralités

→ 31 La prise de position, → 32 Raisonnement

le commentaire	Kommentar, Stellungnahme	faire un ~, le ~ personnel, le ~ dirigé (par des questions)
commenter	kommentieren	~ la thèse de l'auteur
l'opinion (f)	Meinung	à mon ~, exposer son ~ personnelle sur qc, je suis d'~ que (+ ind.), justifier son ~
l'avis (m)	Ansicht	à mon ~, je suis d'~ que (+ ind.)
croire	glauben	je crois que (+ ind.), je ne crois pas que (+ subj.), je crois que ce que l'auteur expose est justifié
penser	denken	je pense que (+ ind.), je ne pense pas que (+ subj.)
trouver	finden	~ ce roman intéressant, je trouve que (+ ind.), je ne trouve pas que (+ subj.)
supposer	vermuten	il suppose que (⚠), je suppose que l'auteur se fait des illusions
discuter	diskutieren	~ le pour et le contre, ~ sur une question
préférer ⚠	vorziehen	~ qc à qc, ~ que (+ subj.), ~ une autre solution
aimer mieux	vorziehen	~ que (+ subj.)

43 Le consentement

convaincre ⚠	überzeugen	~ qn de qc, l'argument a convaincu le lecteur, je suis convaincu que (+ ind.)
convaincant,e	überzeugend	un argument ~, une raison ~e
avoir raison ⚠	recht haben	l'auteur a raison en disant que ..., il faut reconnaître que l'auteur a raison

---

⚠	**supposer**	que **+ ind.** = estimer comme vrai.
	supposer	que **+ subj.** = poser comme hypothèse.
	préférer	-è- devant un e muet: je préf**è**re, il préf**è**re. «préférer **de** faire qc» n'est pas correct!
	convaincre	je convain**cs**, il convain**c**, nous convain**qu**ons – il a convain**cu**.
	avoir raison	«avoir droit» n'existe pas en français!

être d'accord	einverstanden sein	je suis ~ avec cette position de l'auteur
approuver	zustimmen	~ les idées de l'auteur
comprendre	verstehen	on peut bien ~ cette position, on ne peut pas ~ que (+ subj.), je ne comprends pas que (+ subj.)
le consentement	Zustimmung	exprimer son ~
pour	dafür	être ~ qc, se prononcer ~ qc, prendre parti ~ qc, discuter le ~ et le contre
accepter	akzeptieren	~ les idées de qn, j'accepte ce que l'auteur écrit dans ce passage
acceptable	annehmbar	une position ~, une argumentation ~
exact,e	genau	c'est ~, une raisonnement ~
vrai,e	wahr	ce qu'il dit est ~, il est ~ que (+ ind.)
la vérité	Wahrheit	c'est la ~, la ~ est que (+ ind.)
juste	richtig	cette idée me paraît ~, c'est ~
la justesse	Richtigkeit	l'auteur démontre la ~ de sa thèse par des arguments convaincants
justifié,e	gerechtfertigt	cette critique est ~e, la position est ~e
fondé,e	begründet	avoir une opinion bien ~e, une objection ~e
logique	logisch	son raisonnement est ~
objectif,ve	objektiv	l'auteur est ~, c'est un jugement ~
l'objectivité (f)	Objektivität	juger avec ~
incontestable	unbestreitbar	c'est un fait ~, il est ~ que (+ ind.)
irréfutable	unwiderlegbar	la preuve est ~, une objection ~
partager ⚠	teilen	~ l'opinion de qn
adopter	übernehmen	~ l'opinion de qn
s'identifier	sich identifizieren	s'~ avec qn, s'~ avec cette position
défendre	verteidigen	~ cette position, ~ son opinion
la défense	Verteidigung	prendre la ~ de qn

44 Le doute, les réserves

le doute ⚠	Zweifel	exprimer ses ~s, sans ~, sans aucun ~
douter	zweifeln	je doute que (+ subj.), ~ de qc
se demander	sich fragen	se ~ si (+ ind.), se ~ que (+ subj.)

⚠ **partager** -ge- devant a et o: nous parta**ge**ons, parta**ge**ant.
doute est masculin: **un** doute.

la réserve	Vorbehalt	faire une ~ sur qc, sans ~
il se peut	es ist möglich	~ que (+ subj.), ~ qu'il se trompe
possible	möglich	c'est ~, il est ~ que (+ subj.)
cependant	jedoch	il ne faut ~ pas oublier que ...
pourtant	jedoch	
mais	aber	il l'affirme ~ il y a encore des doutes
peut-être	vielleicht	c'est ~ faux
probable	wahrscheinlich	une hypothèse ~ qu'il faut confirmer
vraisemblable	wahrscheinlich	il est ~ que (+ ind.), il est peu ~ que (+ subj.)
mettre en question	in Frage stellen	~ le résultat, ~ la conclusion
contester	bezweifeln	~ la justesse de l'argumentation
contestable	zweifelhaft	ce point de vue est ~
le point faible	Schwachpunkt	le ~ de l'argumentation est que ...
la restriction	Einschränkung	faire des ~s
contradictoire	widersprüchlich	deux positions ~s
la contradiction	Widerspruch	voir des ~s dans ce texte, une ~ entre ... et ..., une ~ apparente
l'erreur (f) ⚠	Irrtum	cette théorie est une ~, corriger une ~
se tromper	sich täuschen	l'auteur se trompe en affirmant que ...
le malentendu	Mißverständnis	c'est un ~, dissiper le ~
l'illusion (f)	Illusion	se faire des ~s
le préjugé	Vorurteil	avoir des ~s, il faut lutter contre les ~s
subjectif,ve	subjektiv	une critique ~ve, une position trop ~ve
contrôler	überprüfen	il faut ~ la justesse des exemples
vérifier	überprüfen	il faut ~ l'exactitude des citations

45 Le refus

→ 35 Les intentions de l'auteur

avoir tort	unrecht haben	l'auteur a ~ en disant que (+ ind.)
faux, fausse	falsch	l'argument est ~, la thèse est ~sse
absurde	absurd	c'est une idée ~, la conclusion est ~
nier	verneinen	il faut ~ que l'auteur ait raison, ~ que (+ ind.)

⚠ **erreur** est féminin: **une** grand**e** erreur.

l'objection (f)	Einwand	faire des ~s à qc, réfuter les ~s
réfuter	widerlegen	~ les arguments de qn, ~ les objections
la réfutation	Widerlegung	la ~ de la thèse adverse
l'adversaire (m)	Gegner	attaquer l'~, critiquer les arguments de l'~
être contre	dagegen sein	~ cette décision, se prononcer contre
s'opposer	sich widersetzen	s'~ à des arguments absurdes

Comparer deux textes

46 Les ressemblances

comparer	vergleichen	~ deux textes, ~ un auteur avec un autre, ~ pour mieux saisir les traits caractéristiques
la comparaison	Vergleich	faire la ~ de deux textes
le point commun	Gemeinsamkeit	chercher le ~, relever le ~
le rapport	Beziehung	il y a un ~ entre ... et ..., dégager les ~s entre deux textes
le rapprochement	Vergleich ⚠	faire le ~ de deux textes, faire le ~ avec qc
rapprocher	vergleichen ⚠	~ une scène d'une autre
la correspondance	Entsprechung	trouver une ~ dans un autre texte
correspondre	entsprechen	cette idée correspond à une autre
même	selb(e)	ces deux articles ont le ~ sujet
le parallèle ⚠	Parallele	il y a un ~ entre ... et ..., l'auteur met deux choses en ~
l'analogie (f) [-ʒi]	Analogie	rechercher les ~s entre deux textes
analogue ⚠ [-ɔg]	analog, entsprechend	trouver des idées ~s
la ressemblance	Ähnlichkeit	rechercher les ~s entre deux textes, constater plusieurs ~s
ressembler	ähneln	cette fable ressemble à une petite comédie
pareil,le	gleich	ces conceptions sont ~les, à peu près ~

47 Les différences

la confrontation	Gegenüberstellung	la ~ de deux caractères, la ~ de deux textes

---

⚠ **rapprochement/rapprocher** Vergleich/vergleichen, um Ähnlichkeiten zu finden.
parallèle est masculin: faire **un** parallèle.
analogue Attention à l'orthographe: analo**gue**.

l'opposition (f)	Gegenüberstellung	mettre en ~ deux théories
opposer	gegenüberstellen	~ deux textes, ~ deux personnages
la différence	Unterschied	rechercher les ~s entre deux textes, trouver des ~s importantes
différent,e	unterschiedlich	avoir une opinion ~e, tout à fait ~
la distinction	Unterscheidung	il faut faire la ~ entre ... et ...
le contraire	Gegensatz	c'est le ~, au ~ de ...
contraire	gegensätzlich	une conception ~ à une autre
le contraste	Kontrast	qc forme un ~ avec qc, il y a un ~ entre ... et ...

Index allemand-français

(Die Ziffern verweisen auf die Nummern der Sachgruppen, in denen die Stichwörter vorkommen.)

A

B

C

D

E

F

G

H

I

J

K

L

M

N

S

V

Index des mots français

(Die Ziffern verweisen auf die Nummern der Sachgruppen, in denen die Stichwörter vorkommen.)

D